É AGORA COMO NUNCA

ADRIANA CALCANHOTTO (ORG.)

É agora como nunca

Antologia incompleta da poesia contemporânea brasileira

Companhia Das Letras

Grafia atualizada segundo o Acordo Ortográfico da Língua Portuguesa de 1990, que entrou em vigor no Brasil em 2009.

Capa
Claudia Espínola de Carvalho

Preparação
Silvia Massimini Felix

Revisão
Angela das Neves
Huendel Viana
Thaís Totino Richter

Dados Internacionais de Catalogação na Publicação (CIP)
(Câmara Brasileira do Livro, SP, Brasil)

É agora como nunca : antologia incompleta da poesia contemporânea brasileira / Adriana Calcanhotto (org.) — 1ª ed. — São Paulo : Companhia das Letras, 2017.

Vários autores.
ISBN 978-85-359-2855-6

1. Poesia – Coletâneas – Literatura brasileira I. Calcanhotto, Adriana.

16-09170 CDD-869.108

Índice para catálogo sistemático:
1. Poesia : Coletâneas : Literatura brasileira 869.108

[2017]

EDITORA SCHWARCZ S.A.
Rua Bandeira Paulista, 702, cj. 32
04532-002 — São Paulo — SP
Telefone: (11) 3707-3500
www.companhiadasletras.com.br
www.blogdacompanhia.com.br
facebook.com/companhiadasletras
instagram.com/companhiadasletras
twitter.com/cialetras

como ficou chato
ser contemporâneo
serei instantâneo

agora

como ficou chato
ser instantâneo
serei um autômato

agora

ae10-i6-o16-u4
c7-f2-gh2-m5
n8-p1-r7-s6-t9

André Vallias

Sumário

De dentro do agora

Este é um agrupamento de poemas armado por uma leitora de poesia diletante, não acadêmica ou crítica, que decidiu, em vez de levar nas férias de verão mais de quarenta livros de poesia contemporânea brasileira, levar um só.

A reunião dos poetas sabe-se incompleta e é totalmente pessoal, intransferível, autoral, ou o contrário. Um instantâneo da poesia brasileira agora, em volume único para viagem. "Agora" quer dizer este momento, aqui mesmo, enquanto mal traço estas linhas e novos poetas estão surgindo em catadupas, produzindo e publicando em sites, blogues, revistas eletrônicas, recitais, saraus e até mesmo em livros.

Depois do fim das vanguardas, "ficou ainda mais difícil" escrever poesia. Acredito que seja essa dificuldade que leva às recorrentes citações no recorte desses poemas: à alta poesia, à mitologia, à questão homérica e aos primórdios do verso ocidental, revelando assim que o poeta brasileiro contemporâneo está ligado e ciente da sua provocação no pós-tudo-enfim-por-vir.

A arrumação do ritmo do livro por inteiro funcionou como um delicioso exercício de composição, embora ele possa ser aberto em qualquer página e lido em qualquer (des)ordem.

Assumidos os riscos, os equívocos, as ausências, os prazeres, sobretudo. Daqui, de dentro do tempo em que essas vozes estão se inventando a si mesmas, e sem a menor vontade ou possibilidade de distanciamento, convido o leitor, a leitora, para o meu livro de férias, desejando bom mergulho.

Adriana Calcanhotto
3 de outubro de 2016

ANA MARTINS MARQUES

Poemas reunidos

Sempre gostei dos livros
chamados poemas reunidos
pela ideia de festa ou de quermesse
como se os poemas se encontrassem
como parentes distantes
um pouco entediados
em volta de uma mesa
como ex-colegas de colégio
como amigas antigas para jogar cartas
como combatentes
numa arena
galos de briga
cavalos de corrida ou
boxeadores num ringue
como ministros de estado
numa cúpula
ou escolares em excursão
como amantes secretos
num quarto de hotel
às seis da tarde
enquanto sem alegria apagam-se as flores do papel
[de parede

entre a casa
e o acaso

entre a jura
e os jogos

entre a volta
e as voltas

a morada
e o mar

penélopes
e circes

entre a ilha
e o ir-se

ALICE SANT'ANNA

salto ornamental

os poucos segundos diante da câmera
não fariam jus aos anos (uma vida
inteira) de ensaios e dores musculares
e alimentação regrada e tantas outras privações
os poucos segundos mostram
a atleta no trampolim
ela se prepara para o salto
ornamental que quem sabe
vai lhe render uma medalha
uma vaga na olimpíada
a consideração de alguém tanta coisa
o treinador apreensivo finge
tranquilidade no telão
vai dar certo já fizemos isso infinitas vezes
ela se prepara para o mergulho
pensa que o melhor é não pensar
em nada transmitir coragem e autoconfiança
os fotógrafos bastante entediados
sem conseguir entender o que dá
a certos atletas um décimo a mais um a menos
no fim das contas é só um pulo na piscina
a não ser que erre feio
que caia de costas ou de barriga

que uma perna vá pro lado
que um braço não fique junto ao corpo
a não ser que o mergulho seja bruto
e suba muita água a não ser que seja
algo menos que perfeito
o passo de dança ensaiado em cada milímetro
que começa com um sorriso e termina
com a piscina recebendo a atleta sem alarde
sem ondas na água quase
como se nada tivesse acontecido
a atleta se prepara é dada a largada
na hora do salto sabe-se lá
o que se passa na cabeça
enquanto finge não passar nada
em sua concentração budista e sua serenidade
ela corre com destreza no trampolim
e mergulha na água de cabeça
sem o mortal as três piruetas a manobra prevista
que treinou a vida toda e lhe valeria
uma medalha ou anunciantes ou um aumento
sobretudo a admiração de alguém
ela esquece
não teve vontade
deu um branco vai entender
mergulhou de cabeça na água
assim como se estivesse de férias
no telão a expressão incrédula do treinador
o zero gordo dos jurados
os fotógrafos finalmente entretidos

âmbar

comprou brincos de âmbar
porque alguém disse
que se juntasse a cor da pele
com a dos olhos e a dos cabelos
a soma seria âmbar
no telefone ela sorri muito
mexe a cabeça para que os brincos
pendurados batam no fio
assim ela lembra que está de brincos
assim ela lembra que tanta gente passa uma vida
inteira sem saber qual é a soma
de todas as cores
e eu já encontrei a minha, ela diz
cheia de dentes (os dentes
imagino do outro lado da linha)
conta que tem dormido pouco
não lembra nunca o que sonhou
diz que não vai ter pressa
o mapa astral diz para não ter pressa
não vou acumular dívidas
minha vida será confortável
um amor e filhos é possível
enrosca o âmbar com o indicador

aperta a pedra até não quebrar
um amor que ainda vai acontecer
a astróloga a aconselhou a viajar
vai comprar um anel em cada canto do mundo
precisa usar os anéis todos juntos
uma mão toda de prata quase uma luva
depois vai perder os anéis um por um
especialmente aquele com a pedra âmbar
vai dizer que tomou todo cuidado possível
mas todo cuidado possível não previne do frio
que afina os ossos no inverno
e faz com que os anéis deslizem e se lancem
não previne dos assaltantes
nem dos lapsos em quartos de hotel
nem das pessoas que pedem
para ficar com um lembrete uma recordação
todo cuidado não previne sequer da vontade
de esquecer o anel de propósito

rabo de baleia

um enorme rabo de baleia
cruzaria a sala nesse momento
sem barulho algum o bicho
afundaria nas tábuas corridas
e sumiria sem que percebêssemos
no sofá a falta de assunto
o que eu queria mas não te conto
é abraçar a baleia mergulhar com ela
sinto um tédio pavoroso desses dias
de água parada acumulando mosquito
apesar da agitação dos dias
da exaustão dos dias
o corpo que chega exausto em casa
com a mão esticada em busca
de um copo d'água
a urgência de seguir para uma terça
ou quarta boia e a vontade
é de abraçar um enorme
rabo de baleia seguir com ela

JULIA DE SOUZA

Deitada na cama
Olhos no teto mudo
Não temo o silêncio
Não temo o escuro
Mas a bomba, mãe
A bomba

GREGORIO DUVIVIER

gênese II

no princípio era o verbo
uma vaga voz sem dono
vagando pela via láctea.

depois veio o sujeito
e junto com ele todos
os erros de concordância.

o mês de fevereiro no rio
nasce em outubro no alto
da floresta da tijuca e chega
em novembro aos bairros
sem praia só se espraia
por copacabana em meados
de janeiro e explode na praia
de ipanema em geral num
sábado raramente ele chega
na gávea quando acontece
já estamos em maio.

se o leite desnatado por acaso caísse
da sua mão no chão da seção de laticínios
bastava para eu perguntar seu nome e fazer
alguma piada envolvendo a expressão *chorar*
pelo leite derramado e nós dois teríamos
uma longa vida eu e você mas você já está
no setor de limpeza e eu penso que se a água
sanitária espirrasse no seu vestido eu poderia
dizer *sou advogado e isso vale um processo*
ou se você tivesse dúvidas quanto à validade
de um queijo minas *eu sei tudo sobre queijo*
minas ou a madureza de um abacaxi *basta*
puxar uma folha da coroa mas agora
é tarde você já está no caixa passando produtos
que apitam como um eletrocardiograma

BRUNA BEBER

ap.

na minha casa você pode flagrar alguém
se escondendo da rotina num quarto escuro
e batendo a cinza do cigarro na janela
enquanto espia as roupas dançando em silêncio
no varal da área
às três da madrugada
você pode flagrar alguém preocupado
segurando uma caneca com vinho vagabundo
dormindo fora de hora
pensando demais na vida
e no tédio que é
essa falta de paixão.

de castigo na merenda

felicidade é o que tem dentro
das bolinhas de papel

e se arremesso
lá vai ela

pela porta na careca
do inspetor

brinca de pique aposta
corrida numa perna só

quica sobe vira pipa
nos braços livres do céu

cai de algodão
das nuvens

e de sono nas penas
dos travesseiros

a felicidade é muito mais
desconcertante do que a dor.

1. o apagador

tique — de checar o bolso
o email o telefone
o relógio angustiado
exercício da ilusão
de acelerar de contar
regressivamente os passos
que me levaram à hora
que marcamos — taque.

ANGÉLICA FREITAS

metonímia

alguém quer saber o que é metonímia
abre uma página da wikipédia
depara com um trecho de borges
em que a proa representa o navio
a parte pelo todo se chama sinédoque
a parte pelo todo em minha vida
este pedaço de tapeçaria
é representativo? não é representativo?
eu não queria saber o que era
metonímia, entrei na página errada
eu queria saber como se chegava
perguntei a um guarda
não queria fazer uma leitura
equivocada
mas todas as leituras de poesia
são equivocadas
queria escrever um poema
bem contemporâneo
sem ter que trocar fluidos
com o contemporâneo
como roland barthes na cama
só os clássicos

treze de outubro

escrever um poema sem calor em são paulo
um poema sem ação: sem carros, sem avenida
[paulista

quando eu morava na augusta, escrevia poemas
[sobre a augusta

a augusta não me deixava dormir

(escrever um poema em que se durma na augusta
e sobretudo, escrever um poema sobre dormir

sem você.) esta é a primavera fajuta da delicadeza
(não consigo terminar este poema).

ANA GUADALUPE

infeliz em santa catarina

fui infeliz em santa catarina
em manhãs tétricas voltando pra casa
em tardes chuvosas escorregando nas ruas
de chinelo e camiseta branca com um pássaro na
[estampa

em santa catarina fui infeliz na maioria dos dias
cultivei bichos de pé e outros parasitas
os animais de casa tiveram pulgas
e é claro que morreram jovens

no vento fatal de santa catarina
os eletrônicos mofaram ao mesmo tempo em
[orquestra
não sobrou aparelho de som ou secador de cabelo
pra movimentar o quarto

fui infeliz em santa catarina
quando meu primeiro amor me chamou pra um
[encontro
que não passava de um culto religioso
em que apenas o espírito santo me beijaria

em santa catarina fui infeliz
em casa, no ponto de ônibus,
na ponte, na barraca de crepes,
na pastelaria
enquanto os catarinenses abriam os dentes
e repetiam "meu senhor, guria"

comprovei nas praias perigosas de santa catarina
que as águas do rio tendem a te afogar no mangue
e as águas do mar podem trazer o cadáver de um
[homem
em pleno domingo

MARIA CECILIA BRANDI

Jabs

não gostava muito dos animais
achava-os burros, ignorantes, simplórios
andava encantada com as descobertas humanas
hoje não gosta muito do mundo que descobriu
e o que importa é o afeto com que corta
a casca de meio mamão e pica duas folhas
de alface todas as manhãs para o jabuti

LUCAS VIRIATO

haicai de verão

de infinitas lágrimas
e farelo de polvilho
são feitas as praias

a ascensorista

a primeira vez que vi teresa
foi hoje pela manhã quando
desci de elevador

quando vi teresa de novo
foi hoje pela tarde quando
subi de elevador

da terceira vez não vi mais nada
desci de escada

ISMAR TIRELLI NETO

Ansiedades quanto a uma academia

I.

inscrevo-me no plano trimestral
atividades aquáticas:
duas sessões de hidroginástica
e uma de natação
por semana
durante (o que se obvia) três meses

II.

das turmas de natação
(me entregam o demonstrativo na secretaria)
escolho a *Medo D'Água*
todas as quartas pela manhã
com o professor Tomás
a quem já ouvi chamarem Tômas
o que me constrange
não sei como me dirigir a ele
professor?

III.

a turma *Medo D'Água*
todas as quartas pela manhã
consiste de mim e de Ada

gaúcha septuagenária
fóbica
cujo desempenho
cotejado com o meu
deixa muito a desejar
(pareço dominar
o conceito de horizontalidade
melhor que Ada)

IV.
professor Tomás
ou Tômas
me faz pôr os pés de pato
embaixo d'água
pergunta quanto calço
respondo quarenta
na verdade trinta e nove
mas meus pés são gorduchos

V.
tenho medo de tirar os óculos
porque eles fazem um vácuo incômodo
em torno dos olhos
tenho medo de tirá-los
e os olhos junto
caindo à beira da piscina
ou na própria piscina
assustando as criancinhas que aguardam
perto do chuveiro
e as senhoras da hidroginástica

(Ada desmaiando)
eu nunca mais seria qualquer outra
coisa que não o sujeito cujos olhos
saltaram das órbitas à beira da piscina
sugados pelo vácuo que os óculos fazem
em torno dos olhos
ao serem retirados
meus óculos fabricados na China

VI.

metido nessa sunga insensata
tamanho G
(sinto que decepcionei os funcionários
da loja de artigos esportivos
meu excesso de corpo não se nota assim
à primeira vista
há táticas como se sabe
tons escuros listas verticais)
os óculos que puxam meus olhos
e a touca que me comprime as ideias
pergunto ao professor se ela deve cobrir
também as orelhas
o que já me parece excessivo
Tomás (ou Tômas) recomenda que eu use
um tampão
isso também me parece excessivo

VII.

um lance de escadas aparta
o parque aquático

do vestiário masculino
tenho de ganhar
essa distância
subjugá-la
metido numa insensata sunga
tamanho G
às mãos a touca e óculos
pendendo úmidos
não tenho roupão
o vestiário masculino me apavora
é possível que no longo desse poema
eu não tenha intentado tratar
de outra coisa que não
meu pavor meu absoluto pavor
ao vestiário masculino
coisa que até agora não fiz

VIII.

talvez esse poema seja sobre a nudez
(modalidade do corpo
que não costumo praticar
com muita frequência)
ou sobre todas as modalidades
do corpo que não costumo praticar
com muita frequência
todo esse *potencial* do corpo
que não se realiza
de inopino as mãos do professor Tômas
ou Tomás
em cima de mim

embaixo de mim
e minha cabeça enfiada n'água
já que não estou tendo uma experiência erótica
não absolutamente não estou

IX.
o servente
no vestiário masculino
me olha
de alcateia
não posso lhe pedir que pare
que pare imediatamente com isso
porque provavelmente não é o caso
estou imaginando coisas
estou sempre imaginando coisas
o servente no vestiário masculino
não me olha de alcateia
não absolutamente não me olha
(por que um? por que outro?)
mas é com muita consciência
que opto por não tirar a sunga
ao me enxugar
(na rua a marca d'água
na bermuda)

X.
bom trabalho Ismael!

meu nome é Ismar

SIMONE DE ANDRADE NEVES

Latente

Borda do prato
praia da ilha

Há devir
na ínsula
à deriva

LUCA ARGEL

Justiça — Maria Augusta Ramos (2004)

(tanta coisa depende
de qual das duas

extremidades do chicote
foi feita pensando em você)

Para você aprender a palavra nacre

oi eu estou com o seu casaco frio
oi eu estou dentro do seu casaco frio
oi eu estou cobrindo todo o meu rosto
com o capuz do seu casaco frio
agora eu não vejo mais nada
agora está ficando
mais difícil
respirar

LEO GONÇALVES

Língua de Aruanda

minha avó que era filha da filha
minha avó que era avó da avó
tatibitateava quando menina
uma cantiga perdida
no fundo do cafundó
cantiga que eu mesmo
ainda canto de cor
sem saber o que significa
sem certeza se canto certo
sei é que quando canto
meu corpo vibra
meu sangue estua
e não há mau-olhado que sobreviva
a essa cantiga antiga
que meus ancestrais gravaram no eco
da voz dos meus avós

nada mais
será como
dante

Especulação imobiliária

para Juliana Corradini

fazer poemas como edifícios
por onde ninguém suba
o leitor pare à porta e cisme
andar por todos os andares
cômodos apartamentos brancos
paredes comodamente brancas
de todos os cômodos brancos
de todos os andares
e incômodo
súbito suba a si assíduo
a tudo ou quase tudo na brancura
apartado no apartamento
imóvel se anuncia
delira se especula oscila
eis que logo
livro das mudanças
a vaga vira viagem
o plano vira piloto
branco de improviso
o poema se aperta
vira vaga de vento voo
se desmancha noir

poema que de difícil
surge ofídio, físsil
na muda: poema-edifício
e apagada na mesma brancura
a palavra ascensor
é engolida pelo autor
cifrões alados são jogados
em doce desperdício
ouve-se um cântico de cura
e um grito de loucura
é lançado pelo maldito
que insiste em falar de amor

ANA SALEK

carrossel

de manhã na
praia eles combinam
o que farão à noite de
noite na festa eles
combinam de ir à
praia amanhã

CAMILA NICÁCIO

Como continuar a ser a mesma pessoa
depois de ter conhecido a Fontana di Trevi?
Você me dirá o quanto eu sou tola
e que o conta-gotas dos dias
nos transforma permanentemente...
Eu estaria, com gosto, de acordo
se não fosse a pequena moeda
que, do fundo da água,
cintila redonda meus cinco centavos
de desejos impronunciáveis

Sua boca cheirava a cebola
mas eu não sentia nada
constipada
Minhas mãos tremiam ao seu mínimo toque
mas ela não sentia nada
apaixonada
por uma outra mulher

LUANA CARVALHO

Todos os dias me sujo de coisas eternas   café   preto
vinho tinto shoyo sono horror saudade
sombra chama chuva britas
parasitas labirintos
lestrigões
livros discos organismos
hemisférios centenários água sorte
soro cores casas brancas com varanda
variantes armaduras sonhos seivas   céu   você

RAMON NUNES MELLO

Trânsito

o taxista
aperta a pica
excitado

disfarço
trânsito congestionado
via de mão única

DIEGO CALLAZANS

[volátil]

estou

a escapar pela tangente
sem raio que me centre

em breve

a letra que conduz
à língua que me prende

escapa

a ideia que me prende
à boca que conduz

em breve

sem verso que me enrede
estou a escapar com o ar

— *jamais!*

THOMAZ RAMALHO

depois do acordo ortográfico

instituir

o desacordo fonético

um decreto

impedindo

que todos os sotaques

se tornem

novela das oito

abolindo o papagaio de Coimbra

que sobrevoa a África

o sertanejo do litoral   o maracatu gaúcho

o fado de Maputo   o kuduro do Tejo

o pernambucano que não se orgulha

de falar oxente

o mineiro às pressas   o manezinho pausado

o samba de planície   o sotaque trio elétrico

o decreto   no entanto

não é escrito

porque fonético

porque se não quer a língua de aço & vidro

nem a gíria produzida em série

igualmente rejeita

o tombamento   o arcaísmo

a língua de pedra & osso

de alto calão

que não grita

não fode

dorme de pijama de seda

não arrisca   não se reinventa

em língua que aceita   ser sedimentação do tempo

carta de amor sem data

poesia-concreta-piada

riso silêncio & lágrima

língua nunca produto acabado

vendida em gramáticas & dicionários

mas língua depositário

língua matéria-prima

até que cada pessoa se torne

pronúncia

única

seu nome era José

mas o chamavam zé

com letra minúscula

sujeito simples

substantivo

comum & impróprio

como tantos outros zés por aí

só mais um zé

pequeno demais pra ser bandido

bonitinho de menos pra ser herói

um zé não serve pra nada mesmo

um zé povinho feio que dói

então não reclama zé

ninguém se importa com tua fome

ruela nenhuma terá teu nome

FABRÍCIO CORSALETTI

Completamente enganada

você me olha
como se eu fosse um coveiro
do século XIX
se eu pudesse provar
que sou um coveiro do século XIX
você acreditaria que sou um poeta
não passa pela sua cabeça
que ainda existem coveiros
e cemitérios
e que os mortos continuam mortos
e que os vivos estão quase lá
você não suportaria
saber que sou um coveiro
do século XXI
assim como se irritou
quando entendeu
que estava diante de um poeta

Vizinha

é uma senhora simpática
sem netos
sem cachorro
sem queixas contra
o horário da retirada do lixo
a data da dedetização

não conversa sobre o tempo
no elevador
não reclama do trânsito
anda a pé
é claustrofóbica
às vezes sobe de escada

sou fã
dos seus sapatos classudos
das luvas brancas no inverno
dos guarda-chuvas exóticos

dizem que nos fins de semana
traz garotos de programa
para casa

sabe-se que matou a amante
do ex-marido
alguns anos atrás

tem um único amigo no prédio

infelizmente não sou eu

Movediço

sou antigo e
movediço
como o mangue

não sei
como não enlouqueci
aos 16

ainda tenho forças
pra destruir este quarto
este corpo os postes
da rua —

mas não posso
morrer não posso
não assim
maravilhado

PAULO CÉSAR DE CARVALHO

minha mala

levo
na minha
mala
minha
mandala
minha viola
nana
nara
ná
victor jara
janis
callas
tame impala

nela levo
ella
avalovara
sinatra
sidarta
baraka
drácula
odara

comigo vai
martinho da vila
paulinho da viola
violeta parra
cartola
cachaça
maria alcina
alzira
maria fumaça

levo marina lima
marília medaglia
amélia
amália
martinália
e se ela
quiser ir
eu levo
a nália

quem sabe
faz a hora
o tempo
não para
tô indo
embora
meu bem
pra maracangalha
ou pra pasárgada
e passe bem

larga
a mala
ela
é minha
mas eu
não sou
de ninguém
disfarça
e chora
eu já vou
minha cara
olha o trem

ESTRELA RUIZ LEMINSKI

tem alguém aqui
tem que eu vi um vulto
tem que ouvi os passos
a voz o gesto
tem alguém aqui que é resto
ou insulto
alguém que é incerto
tem alguém aqui que se perdeu
sombra
assombração
lembrança
presença
sou eu

MARIANO MAROVATTO

Parece que estou em perigo

Parece que estou em perigo. Mas não.
Sob o efeito do Memoriol B6, entro numa
estação subterrânea à espera do metrô.
A água avança pelos respiradores, há um eco
gargalhante engasgado dos afogados.
Talvez seja prudente mergulhar nos trilhos
com patos e boias.
Mas, do lado seco depois do vão, há dois homens
encasacados. Um veste sobretudo de tecido
grosso marrom, coisa que não se usa mais.
O outro, desbotado, repuxa um topete
com um pente de plástico.
Calvície à espreita.
Checam com frequência os papéis nas malas.
Os vagões surgem
eles estão molhados e com as quinas apontadas.
Talvez seja aqui o ponto-final, talvez seja
melhor desviar os olhos e caminhar apressadamente.

MARÍLIA GARCIA

ztaratztaratsztaratztaratztaratztaratztaratz

um dia estava com a diana no café maya em laranjeiras
e meu telefone tocou atendi e era o mariano
me convidando para participar da noite de abertura
da exposição dos poetas marginais
no instituto moreira salles
ele queria reunir poetas marginais ao lado de
jovens poetas e perguntou se eu toparia dizer coisas
no microfone para esta homenagem
no dia 9 de agosto de 2013
aceito o convite contente de poder encontrar os amigos
e de me aproximar da poesia dos anos 70
mas já pensando e rindo dos comentários
e críticas que viriam
não só aos poetas marginais
mas também a quem aderisse ao festejo
incluindo a mim mesma claro

poderiam dizer algo do tipo:
"poetas à margem nos 70 recebem chancela"
mas não teria essa crítica envelhecido me pergunto
desde a antologia da época? ou então desde as cantadas
literárias? por que ela se repetia tal e qual?
era essa a função da crítica?

diriam que seus livros tão artesanais
estavam agora nas salas de exposição e os carimbos
capricho nuvem cigana vida de artista
vendidos a peso de ouro
no alto gávea
rindo sozinha com essas críticas
me lembrei do cacaso
reunido no volumão de estreia da coleção ás de colete
com capa de tecido guarda colorida
acompanhado de um fac-símile do *lero-lero*
livro-miniatura originalmente de papel kraft e grampo canoa
exercício escolar que virava 30 anos depois
fetiche ao lado do grandalhão volume vermelho
também chico alvim cujo *lago, montanha*
tinha capa desenhada à mão e chacal com seu
muito prazer, ricardo dos poucos mimeografados mesmo
os dois tiveram seus poemas reunidos nos volumões
cor de vinho e verde   na ás de colete
e lembro de ouvir na época o mesmo
sobre os seus livros
aliás a coleção é batizada com o título de um livro
do zuca sardan reforçando os argumentos dessa crítica
que repetiria o lero-lero acerca
do contrassenso da coleção
e calando um pouco quem quisesse festejar a leitura
do chico alvim do cacaso do chacal

ao receber o telefonema do mariano
pensei também no leminski
alvo mais recente

no caso dele o ataque tem sido mais pesado
talvez pelos 80 mil vendidos
leminski ganha marca laranja com bigode
e por que será que não comemoramos
só um pouquinho
o fato de ele ser editado?
distraídos venceremos era só   lenda ou xerox
porque nem na estante virtual
mas agora que tem leminski
ouço as sirenes ao fundo
é que virou mercadoria dizem
acusado de ter entrado na lista
dos mais vendidos
como se o termômetro para julgar o leminski fosse
o fato de ser vendido
e não pode vender?
por que a poesia deve ser tão rara assim?
me pergunto se o leminski queria essa pureza toda
os livros até onde sei são vendidos
poucos são os autores que disponibilizam
seus textos só na rede
sim
ainda circulam livros de poesia como mercadoria
mesmo que sem ocupar espaço algum nas prateleiras
o que seria mais um contrassenso
mas eles circulam
seja em uma tiragem de 100
de 5000 ou muito raramente
com um zero a mais pra aumentar essa conta
como no caso do leminski

(mal posso imaginar quando a ana c. sair
pela mesma companhia
seu rótulo cor-de-rosa com oclinhos redondo
pior não seria sua inexistência nos catálogos?
pior talvez do que virar produto
a forma como tem sido editada
tantas perguntas pra fazer
mas lembrar
de não reclamar de ela ser editada)
pensar a forma como esses textos são editados
criticar as edições e os paratextos
o tipo de leitura orientada
é algo diferente
mas que tem sido também mais raro
acusar pela venda ou institucionalização apenas
vai contra o discurso dessa mesma crítica
que reclama que não se lê poesia
que a poesia não tem espaço
que a poesia não vende etc.
não ler poesia é algo criticado por eles
mas entrar no sistema de vendas é errado
uma obra fora de circulação não
deveria voltar ao catálogo das editoras?
até para poder produzir diálogos
deslocamentos e críticas acerca
das formas de leitura e circulação
e por que motivo o leminski encontra
o espaço que encontrou agora?
essa poderia ser uma pergunta produtiva
talvez mais produtiva do que as acusaçoes

no fim das contas   aceito o convite do mariano
e deixo de pensar nos motivos
para acusar os marginais de entrar
na sala de exposições
me pergunto agora se vamos ler os
marginais e o que são os marginais e quem são
os marginais   e como serão lidos os marginais
e como essas vozes circulam

mariano escreve
para dizer que cada um deverá ler
dois poemas de um marginal e um poema próprio
ele faz a seleção
alice   dois da ana cristina cesar
augusto   dois do eudoro augusto
ismar   dois do chico alvim (ele diz, dos "grandes")
laura   dois do waly salomão
leo   dois do chacal
mariano   dois do cacaso
marília   dois do zuca sardan
sylvio   dois do roberto piva
victor   dois do torquato neto

um mês antes eu tinha visto o zuca sardan
lendo poemas do seu recém-lançado *ximerix*
foi a primeira vez que eu vi o zuca sardan lendo
a leitura do zuca sardan foi muito bonita
além de seus poemas ganharem voz
e cara   de ganharem um modo de existir modulado
cantado humorado teatral autoirônico

um modo bem próprio ao seu universo
além de seus personagens delirantes ganharem voz
além disso tudo o zuca também leu do seu livro
as linhas tipográficas que servem de
moldura e divisória para os poemas da primeira seção do livro
os poemas do *conde lotrak*

mesmo que os textos de seu *ximerix*
não sejam dos anos 70 nem da época que referia a exposição
queria trazer o zuca para perto
lendo aquelas bordas as linhas situadas à margem do texto
queria trazer o zuca para perto lendo um texto de agora
que incorporava a margem do texto ao texto
transformando essa margem
ztaratztaratsztaratztaratztaratztaratztaratz era possível amar
os marginais lendo um livro com tiragem comercial
feito por uma editora de circulação
e que deste modo fazia o zuca ser lido hoje
fazia o zuca existir entre gente que nunca tinha lido o zuca
é borda ou beira?
você pergunta
poderia dizer a *borda do mar*?
não sei mas a borda do seu texto
tinha virado voz e pensei que talvez ele fosse
o que gostam de chamar de marginal
ou talvez nem fosse
mas de todo modo podia ser lido em 2013
naquele contexto
mesmo estando nas livrarias mesmo sendo vendido
mesmo sendo 2013 mesmo sendo

lido no jardim daquela casa em uma noite
de homenagem
ali estava a margem do zuca invadindo
o espaço sonoro visual textual
ztaratztaratsztaratztaratztaratztaratztaratz
ztaratztaratsztaratztaratztaratztaratztaratz
a margem tipográfica do zuca
ressoando para todo mundo ouvir
as bordas do *ximerix*

escrevi esse texto de uma só vez
no domingo dia 18 de agosto de 2013
depois de ler o livrinho *aqueles papéis* de zuca sardan
edição de 1975 grampeada e com a capa desenhada à mão
livro tão raro de ser lido porque fora de catálogo
porque nunca esteve em catálogo
porque edição artesanal
e que pude ler graças à sorte de ganhar de presente
do mariano a quem agradeço
por mais esse vínculo com
o zuca **ztaratztaratsztaratztaratztaratztaratztaratz**
depois de escrever este texto
a alice me contou
que era aniversário do zuca de 80 anos nesse mesmo dia 18
dedico o texto a ele incorporando suas margens
e as bordas tipográficas ao texto e ao título

FABIANO CALIXTO

Em torno de

um disco repetindo-se
uniforme
a dor presente
um salmo
esquecido na página
consumada de um baseado

e continua
redemoinho melódico
não de poeira
vento
com agulha riscando o escuro
da luz apagada
dos sulcos mínimos

um molusco carregando a parede
como um código

uma mosca decorando
a paz do prato sujo

continua
a agonia do futuro

rezando em mim
como um relógio

FLÁVIO MORGADO

pausar

uma pausa na prosa e começa o poema

uma respiração...

(saliente silêncio)

trajeto etéreo
ao escuro de nós mesmos
pelo que se ilumina
em dito

e anseia em todo resto a dizer

que nos insere — margem à imagem
que nos aflige
em ser a poética tradução da ansiedade

como assunto
de uma conversa entre dois mundos
entre dois mudos
que só sabem de suas vozes
escavando

o verso (preso à pausa)

que é toda angústia
em dizer o que o poema não escreve
e o leitor não aguarda

apenas roteiro de seu nada (escrito)

e sempre remetido

à esperança do inesperado

CARINA CASTRO

Divina farsa

Beatriz
na porta do paraíso
relutante
não sabia se queria
a perfeição
o branco
a candidez
se via então representada e presente
entre inferno astral e primavera
Havia percorrido labirintos em si
os cabelos descabelados
já não remetiam a face pura
"era pura o quê?", pensava
Pura cansaço, horas acordada
transitando por entre horas, limbos e línguas
de fogo que lambem e levam para o olvido
o que não quer ser puro, nulo, esquecido
pura, nula, esquecida da missão inicial
lhe dera um branco
purificada a fogo, a memória
se viu então folha em branco
e já traçado o risco
por ele caminhou

de banda, bamba
saltou pra fora dessa história
rasgara o verbo
rasgara o véu

DONNY CORREIA

Kançer (solilóquio)

I

Quando me convenci
de que eu era imortal
veio o Doutor e disse:
— É câncer...

Aquela coisa tagarela,
pulsante e, em certo
aspecto,
munda
era um câncer.
Faminto roedor que,
forjado por células
mortas, tragou
a fumaça que eu pensava
expelir ao mundo
e cresceu viçoso e
traiçoeiro.
Uma femme fatale
beijando-me lixo
amando-me sobras
trepando-me restos

II

Aquele ser
de vontade própria
fazia com prazer
a fotossíntese em
meus brônquios
como se o pulmão
tornado, agora,
vaso de um bonsai das Bestas,
fosse o pasto, a laringe
uma latrina,
a descarga, o coração

III

Às vezes cheguei a sentir
subirem a sopa e o suco cadavérico
à boca em arrotos
de azia.
Desciam de volta, ardidas no peito,
gota após gota como se, do câncer,
fossem lágrimas de alegria
pela fartura indigna:
Ainda que não o merecesse,
esse câncer me tinha.

IV

Este obscuro mascote
carrega em si muito
mais de mim
do que eu mesmo posso.

Este tufo de morte me
regala como
o pão por Cristo aos seus
discípulos.
Se assemelha a um alarme
e soa sempre tresloucado
quando sinto certo riso
despertar em minha arcada.
É o riso de quem se esquece
por um átimo, o ataque
virulento de tal
pólipo depravado.
Mas é Claro que o diabo
agarrado em meu pulmão
grita logo e muito alto
recordando que, de assalto,
Esse pulmão não é mais meu.

V

Portanto
o alívio de um sorriso
é o mau hálito
de um morto falante.
E assim sou a casa
de uma peste
morada da morte
hospício dos vermes
refúgio de um beijo
adúltero.
Mas,

VI

Amigo,
imundo amigo,
a você proponho
um pacto de obediência
mútua:
Te alimento mais e mais
com a fumaça suja
com o tabaco sábio
e você
rói
mais doce, moderado
mais lento
minhas carnes de dentro
e me ajuda a enganar a
morte, a trapacear
os urubus.

VII

Prolongue minha vida
insípida
que eu prolongo seu
banquete último
provoque pouco estrago
a curto prazo
que, a longo,
comerá mais de mim
entregue à sua gana torta
em bandeja necrotéria.
Rói

mais lento
minhas carnes de dentro

VIII

Eu serei seu alimento
e você, o meu motor
serei seu combustível
e você, meu velocímetro
serei seu servo
e você meu amante
autoritário.
Algoz atento,
rói
mais lento
minhas carnes de dentro

IX

Riremos juntos
do tempo.
A você juro fidelidade:
Nem químio, nem rádio
terapia alguma,
nem Hydrea.
Sei que se o executasse
se tentasse extrair de mim (que
de pouco eu mesmo tenho)
sua raiz primeira plantada
em meu adubado pulmão,
você voltaria, mais forte
mais sedento, mais insano

e insensível,
para cobrar a quebra de acordo.
Então juro fidelidade
como jamais fui fiel a algo
ou a alguém.

x

Siga:
Roendo
mais lento
minhas carnes de dentro

Já não me toco.
Não me sinto.

Estátua de pedra permeável
por cuspes e risos de hienas
obsessivas, sou.

Passe um ano ou passem
cem, amigo, imundo amigo meu,
rói
mais lento
as carnes sujas de dentro
Que as de fora, vou à forra,
E roo eu.

Luciana

eu vou chorar lágrimas de crocodilo
(João Penca)

minha língua irá contar lenta
e suculenta
cada vértebra tua, da primeira
ao cair das costas lisas e seguir
para o cume de você
onde os pelos eriçados pedem
e imploram o hálito do toque
mudo

nossas línguas dançarão
alheias à falácia desse mundo
na madrugada sem fim
somente nossa
e nosso mundo paralelo

e entre os fios de seus cabelos
como teia em minhas mãos
implorarei ao mundo oculto
que não seja só um sonho

dentro e lento sentiremos
um ao outro por meses-a-fio
e contaremos as gotas do suor
que salga nosso mundo
longe do resto que não nos representa

minha língua em seu tímpano
sussurrando o dialeto
secreto que criamos
para nos fazer exclusivamente
uno

e arranharei, sedento, seus lados
seus cantos, seus todos
sem deixar passar cada quina
do corpo imerso na lascívia

nos entregamos como
fesceninos convictos
ao gozo como se o mundo
inútil fosse, por nosso desejo,
acabar

que um dia acabe o mundo todo
e toda a troça da vida, enfim
mas, sigamos em nossa dança
horizontal
febril
demente e constante
enquanto inundo teu umbigo

para voltar à vida real
e sentir a ânsia
a taquicardia doente
que me separa
do próximo gozo
nos cinco dias
no hiato que há
entre o que morre lá fora
e o que vive
somente por nós

JOSOALDO LIMA RÊGO

O letreiro

Às duas da manhã
vejo que está apagado
Talvez não,
uma cinza
reluz
no olho
da avenida
que gira
em torno do próprio
enigma

Jurupari

Agora
temos minério

A festa
suficiente

Os dias
contados

SYLVIO FRAGA

Talvez o último poema
antes de meu sobrinho nascer.
Escrever sem camisa.
Estou lendo Machado de Assis
em inglês.
Sonho a liberdade das coisas calmas.
Hoje está muito escuro aqui dentro
do seu coração.

Talvez o último poema antes de meu sobrinho nascer.
Meio-dia, sol de bosque sobre asfalto,
movimento comum para segunda-feira
na cantina da luz. O sol está espesso
como a lona sobre o casamento de estranhos.
Um homem lava a calçada.
Penso na cadeira azul onde você fuma
e colhe raios de sol para o jantar.

LÍVIA NATÁLIA

Freudiana

No mais fundo dos homens que amo
há meu pai, com sua carne de maresias.
Ele se desenha na pele dos meus homens
como o mar inscreve, no peixe, as escamas.

(Todo corpo em que derivo absorta
tem algo de sua voz pedregosa.)

Nas peles negras em que me banho
flutua sua existência de maré:
prenhe de naufrágios.

Aos pés destes timoneiros delicados
que pensam singrar minhas águas
sou a kianda-sereia,
um coral espelhado,
sou a ostra que se desmora em silêncio.

Sou a água eternamente translúcida.
Precipício denso de onde estes peixes bebem
— apenas —
um silêncio delicado.

THIAGO E

o escuro e o silêncio

o que surgiu primeiro e criou tudo, uns dizem o
silêncio — outros o escuro ; não foi boom de big
bang brilho puro, nem foi uma explosão chamada
deus ; as coisas corpo cosmo e o que nasceu têm
bem menos de luz e mais de breu ; repara o natural
nesse universo : basta piscar e a noite vem pra
perto ; no céu matéria escura por completo ; o sol
e um dia só vai se apagar ; tanta lâmpada engana
a noite cá, mas a luz cumpre um prazo pra durar ;
em breve o truvo volta pro seu ponto mostrando
o breuniverso em que me encontro — somente
o escuro fica infindo assombro ; o que criou todo
esse espaço em curso (calor e o modo orgânico no
mundo) uns dizem o silêncio — outros o escuro ;
parecem ter surgido os dois juntos — um bloco
concentrado cego e surdo — e vão permanecer
princípio e fim de tudo : começo de um gorgulho,
gente ou susto, o impulso do esculêncio ou
silenscuro

o mar e o pano

o mar sorri ao longe.
dentes de espuma,
lábios de céu.
(Lorca)

o mar parece um pano, faz ondas de todo tamanho,
tal qual o pano quando está secando (seria preciso
uma multidão pra levar o mar pro varal) o
barco passeia no mar, agora a estampa está se
mexendo ; nem tudo o que se mexe tem vida —
é como o barco — é engraçado : tem pano que
só aparece no fim de semana. o mar não liga pra
moda, tem pano que tem flores por fora. o mar
sempre guarda um jardim dentro do bolso ; o mar
rumina a terra o tempo todo ; tem muita espuma
no mar porque ele está tomando banho (o pano já
banhou) a chuva molha o mar e o pano : o pano
fica mais pesado, o mar recebe o emprestado —
às vezes o sol vem junto e surge um arco-íris :
a gente corre pro pano e se cobre com o mar

LEANDRO DURAZZO

hoje nasceu um buraco
nas fímbrias do pensamento
hoje brotou um lamento
no ramo mais alto do arbusto

não acho justo
mas é
natural
que as coisas não fluam

nem tudo é rio

a cada fruta que como
eu te como
a cada dente que arrasta
a pele o sumo a casca
a cada dentada certa
a cada mordida adentro
te trago eu pra mais perto
aos poucos vou te comendo
como o mar come o deserto

BIANCA LAFROY

Entende o que estou dizendo?
Dar é feminino de dor.

O etimólogo
que persegue palavras
(dando proteína
para a filosofia)
dirá que não.

DAR É VERBO.
Verbo é masculino.

Entende o que estou dizendo?
É másculo dizer "no princípio
era o verbo".

Das metamorfoses e
refazimentos
sou aquele que não consta
na galeria de Ovídio,
Didimarcos...
Nem em Nicandro
ou Antígono.
Sou mais perigosa que os clássicos,
sou obra FORA DA ESTANTE
(um encaixe na família).
Transformo o nada e o morno,
e dissolvo supositórios do desespero.

BRUNO MOLINERO

marcela, 43, casada

matei, sim senhor
porque quis
não, até que era bonzinho
na gaveta da cozinha. uma daquelas grandes, sabe?
isso, ele estava no sofá
de costas
não, não me viu
dei dois passos e a lâmina escorregou para a cabeça dele
não tirei porque mancharia ainda mais o tapete
ora, se sabe, por que pergunta?
desculpe. sim, o corpo ficou lá
depois saí
mansão. era muito rico
não. deixou tudo para as meninas
eu sabia, sim senhor
porque quis, já disse
cansei de subir em pau de sebo. deslizar fácil não tem graça
sim. mas vou ficar muito tempo?
é que deixei a panela no fogo

carolina, 15, queimou

pegaram tudo

geladeira armário
banco cadeira fogão
cama pia toalha TV
colchão
roupa discos tênis bicicleta
copo isqueiro baralho

nenhum livro

a gente tinha acabado de montar a biblioteca
bem ao lado da vendinha
:
canjica
temperos
bolo
doces
tortas

e livros
sempre à mão

queimou tudo

foi um estalo de noite
aquele laranja
pintando todas as casas
e uma correria
para salvar o importante

ombro a ombro
de pijamas
ficamos em cima do morro do campinho
vendo o fogo lamber nossas vidas

alguns até ajudaram os bombeiros
a controlar a fome dançante
enquanto eu gritava para jogar a água do outro lado
salvar a biblioteca

ninguém ouviu
queimou tudo

de manhã
enxada na mão
vizinho era barata tonta
cachorro sem dono
olho baixo
um chinelo de cada cor
costas apoiadas no carro
lotado de gente sem casa
colchão no teto

homem vestindo roupão da sogra
ferro retorcido
cinza onde era vermelho
marrom onde era azul
árvore sem folha
camiseta na cabeça

fita amarela
em volta do meu crematório de histórias

queimou tudo

menos
uma página de drummond
e um vaso com planta
palito de sorvete fincado na terra
que seguiram verdes
no amontoado de telhas e tijolos
quebrados

OMAR SALOMÃO

Britadeira no ombro
Sem camisa
Coberto de poeira
Devagar
Desce a ladeira

você vai ver
ainda vai notar
vou escrever algo pra você
sem perceber
assobiar

besteiras
tolices
andanças

fazer você lembrar
tornar você lembrança
delírios desafinar
dançar nossa distância

vou escrever você
vou escrever você vai ver
sem perceber
assobiar

CATARINA LINS

como uma louca abraçada a um ramalhete de rosas que ela pensou ser um paraquedas

seus olhos desacostumados com a luz de sódio
ou com o atravessar das faixas
ou com os meus olhos
desacostumados
ao olhar apreensivo de um outro rosto
apreensivo
ou como se desacostumaram
a olhar pra baixo, pras feridas
abertas no asfalto
e pra água dentro

você olhando pela janela do ônibus
a voluntários que passa rápido
e a loja de salgados que agora leva o meu nome
seus olhos desacostumados
com a luz neon
          do meu nome

eu desacostumada
com a nova pessoa
que nasceu ou morreu

em londres
e já não janta mais
obcecada com o peso do próprio corpo-
-pluma
alguma coisa se desaloja dentro
quando você fuma um cigarro ou come um cone
alheia
às coisas que se passaram nos últimos doze
anos

(eu sempre lembro do cão e da raposa
e sempre espero você chorar
ou chegar em casa
pra tirar os sapatos e escrever um poema)

as pegadas molhadas
de criança
ou a lata
atirada ao chão enquanto espero
você decidir se vai chorar
eu sempre espero
você chorar
quando a voluntários passa rápido
pela janela do ônibus e os nossos olhos
apreensivos
com as mudanças
que você nota na cidade e eu noto
em você
a cidade suja
e eu noto em você

o resultado de uma bela tática.

a gente pode marcar um encontro.

algumas coisas foram feitas pra serem perdidas
você diz agora da moeda que cai no chão
sem notar que cita bishop
o que só noto agora
enquanto escrevo
daí que tenhamos nos olhado
pronta e longamente, então
e a gente pode marcar um encontro você diz porque
[ao menos
você conseguiu o que queria
que era ser muito magra
e ter o cabelo muito comprido
e eu acho que você tá bonita, assim
é sério
mas alguma coisa se desaloja ainda
quando você diz que pareço cada dia mais
com a katherine mansfield, por exemplo,
ou quando você quer ficar doidona
e eu não.

DOMINGOS GUIMARAENS

Hemorragia

na hemorragia em fúria das ondas
estes gigantes de sal e lágrimas
que se elevam da planície espelhada
como navios suicidas

no desfalecer da espuma em sangue e luz
nas tensões de fluorescências inconcebidas
na potência do rugir desta concha terra
na visão destes fluidos deslizantes

no estrondo do explodir dos corais
no desespero dos braços marinhos
em se agarrarem à última réstia de areia
me encontro aqui
náufrago em terra

Sinestelíngua

são hemosensus na lacrimal pluviaurora
lá fora o ar é sonorama de quasares
na verborreia laminosa
dos alados avivíssimos sonares

a histeriodactila filotúrgica orquestração
invade trincarrompendo janelosas proteções
transformando em crustáceo acústico grotão
iluminas sensações fotocromáticas fágicas como rações

a esferazul é mestástase
magmando-se temperorubra em terminal última fase

CHRISTOVAM DE CHEVALIER

Visconde de Pirajá, 188

Éramos dois:
jantar improvisado
talk show pela metade
frases dispersas.
Ora sono, ora insônia.

Éramos dois:
jornal desmembrado
louça acumulada
Cine Estação.
Ora alcova, ora cova

Fôramos.
Tarde sepulcral
celular que não toca
e um coração que bate
em portas lacradas.

VICTOR HERINGER

Casa das horas

café pequeno
ferve, esfria, referve

cada um acorda numa hora
(minúsculas aleluias pela solidão)
nesta família requentada
todo
santo
dia

não tem perigo algum acordar
os móveis estão parados no lugar
esperando o espreguiçar de retinas
o descolar de remelas
e os tijolos envolvendo tudo

e os quilos de pó levam tempo pra acabar.

bom-dia, bom-dia, bom-dia, bom-dia, bom-dia,
[bom-dia, bom-dia
dormimos todos muito bem.
não dá tempo de pôr a mesa. sumiu uma calcinha
o menino quer, a menina diz, xampu acabou

o terno não foi passado
as coisas lá fora vão passando
com sua mecânica particular.

o pai canta a abertura do telejornal matutino
desafinado como o diabo.
tudo engarrafado, tudo difícil, tudo gorado.
não canta mais pelo resto do dia.

cada um toma seu banho
como bem entende.
cada um toma seu ônibus
como bem se lembra.
a mãe almoça sozinha.
o menino almoça sozinho.
o pai almoça sozinho.
a menina não quer engordar.

boa-tarde, boa-tarde, boa-tarde, boa-tarde
como vão as coisas
indo.

no longo vespertino
ninguém toma conta da própria vida.
o menino perde um dente.
a menina perde as esperanças.
a mãe perde o charme que tinha.
o pai é guerreiro, assim se diz
(sou bravo, sou forte, sou filho
da morte);

põe coisas na mesa do jantar

não dá tempo de pôr a mesa
porque a novela das oito
reúne tudo no mesmo
resumo: ou casar, ou trair, ou tomar de assalto
a empresa dos sogros.

vive-se às custas de não parar nunca
as dormências
as anedotas
os problemões
as histórias
os chavões

o mundo dentro da mecânica do mundo
agora igual.
só no igual se dorme tranquilo.
a menina está apaziguada, não quer mais morrer.
o menino terá coisas moles pra morder.
a mãe não recebe um carinho de marido.
o pai sempre quis ser funcionário público.

boa-noite
hm.

LAURA LIUZZI

Vontade

Entrar em casa sem que a porta
rangesse, sem que o cachorro
da vizinha farejasse minha vinda
sem que o sofá conservasse as
formas do meu corpo, sem que
eu precisasse tomar aquele copo
de água que toca o azulejo e emite
um som rouco, sem que houvesse
corpo. Entrar em casa como
a música entra nos ouvidos.

Ponteiro

Não é o tédio da falta
do que fazer. Não é
ansiedade (a noite
não promete nada
além de uma dúzia
de guarda-chuvas).
Não é minha mão
testando o calor
do fogo nem sua
mão tocando meu
seio. Não é o pulso.
Não são as cordas.
São vacas gordas
e preguiçosas
calculando a seca
da maré. É uma
fruta que apodrece
aos olhos de ninguém.
É o êmbolo de uma
cafeteira forçando
passagem. São os
gases flutuando
no espaço. Tem a

forma de um
palmito e despetala.
É agora como nunca.

Fio sem fim

para o Armando

Chega-se, enfim, à última página
embora deixe claro: não se chega
ao fim. Um mesmo fio fino frágil
mas firme, da mesma fibra de rio
conduz memória e história: storage
— está estendido para sempre
e para sempre soará, suará
a cada renovação do sol, mesmo
quando atingirmos o final —
mesmo assim não se chegará
ao fim.

Os autores

Ana Martins Marques (1977) nasceu em Belo Horizonte. Graduada em letras, tem doutorado em literatura comparada pela UFMG. É autora de *A vida submarina* (Scriptum, 2009), *Da arte das armadilhas* (Companhia das Letras, 2011, vencedor do Prêmio Biblioteca Nacional em 2012) e *O livro das semelhanças* (Companhia das Letras, 2015, um dos ganhadores do Prêmio Oceanos).

Alice Sant'Anna (1988) nasceu no Rio de Janeiro. Publicou *Dobradura* (7Letras, 2008), *Rabo de baleia* (Cosac Naify, 2013, prêmio APCA) e *Pé do ouvido* (Companhia das Letras, 2016). Lançou também, de maneira independente, *Pingue-pongue* (2012), em parceira com Armando Freitas Filho, e *Ilha da decepção* (2014), com fotografias de Alexandre Sant'Anna.

Julia de Souza (1986) é poeta e nasceu em São Paulo, cidade onde sempre viveu. Formou-se em letras pela USP, onde também desenvolveu sua pesquisa de mestrado sobre a prosa de Hilda Hilst. Trabalha como tradutora e preparadora de textos. Publicou poemas em revistas como *piauí* e *Pessoa* e lançou os livros *Covil* (7Letras, 2013) e *Gigante vermelha* (7Letras, 2016).

Gregorio Duvivier (1986) nasceu no Rio de Janeiro. É formado em letras pela PUC-Rio. Ator e roteirista, é um dos idealizadores do coletivo Porta dos Fundos. Publicou os livros de poemas *A partir de amanhã eu juro que a vida vai ser agora* (7Letras, 2008) e *Ligue os pontos: Poemas de amor e big bang* (Companhia das Letras, 2013). Colabora com a *Folha de S.Paulo*, assinando uma coluna semanal na Ilustrada.

Bruna Beber (1984) nasceu em Duque de Caxias (RJ) e vive em São Paulo. Estreou na poesia com *a fila sem fim dos demônios descontentes* (7Letras, 2006) e é autora de *balés* (Língua Geral, 2009), *rapapés & apupos* (7Letras, 2012) e *Rua da padaria* (Record, 2013), além do infantil *Zebrosinha* (Galerinha Record, 2013). Realiza trabalhos em artes visuais e inaugurou, em fevereiro de 2016, sua primeira exposição individual, *Brinquedos Espalhados*, no Oi Futuro Ipanema (RJ).

Angélica Freitas (1973) nasceu em Pelotas (RS). É autora dos livros de poesia *Rilke shake* (7Letras/ Cosac Naify, 2007) e *Um útero é do tamanho de um punho* (Cosac Naify, 2012), e da graphic novel *Guadalupe* (Companhia das Letras, 2012), em parceria com o artista gráfico Odyr Bernardi.

Ana Guadalupe (1985) nasceu em Londrina (PR) e hoje mora em São Paulo. Publicou os livros *Relógio de pulso* (7Letras, 2011) e *Não conheço ninguém que não seja artista* (Confeitaria, 2015). Seus poemas também estiveram em antologias e projetos literários no Brasil, Espanha, Portugal, Chile, México e Estados Unidos.

Maria Cecilia Brandi (1976) nasceu no Rio de Janeiro. É poeta e tradutora. Cursou mestrado em criação literária na Universitat Pompeu Fabra, em Barcelona. Escreveu *Atacama* (7Letras, 2012) e está produzindo seu segundo livro de poesia, *A esponja dos ossos* (projeto que recebeu bolsa de fomento à literatura, MinC).

Lucas Viriato (1984) é doutorando em letras pela PUC-Rio. Desde 2006, edita o jornal literário *Plástico Bolha*. É autor de *Memórias indianas* (Ibis Libris, 2007), *Retorno ao Oriente* (7Letras, 2008), *Contos de Mary Blaigdfield, a mulher que não queria falar sobre o Kentucky — e outras histórias* (7Letras, 2010), *Antologia de prosa Plástico Bolha* (Oito e Meio, 2010), *Curtos e curtíssimos* (OrganoGrama, 2012), *Muestras* (OrganoGrama, 2013), *Corpo pouco* (OrganoGrama, 2013), *Antologia de poesia Plástico Bolha* (OrganoGrama, 2014) e *Blue* (OrganoGrama, 2015). Em 2015, foi curador da exposição *Poesia Agora*, no Museu da Língua Portuguesa.

Ismar Tirelli Neto (1985) é poeta, ficcionista, roteirista e tradutor. Nasceu no Rio de Janeiro. Lançou os livros *synchronoscopio* (2008), *Ramerrão* (2011) e *Os ilhados* (2015), todos pela 7Letras.

Simone de Andrade Neves (1974) nasceu em Belo Horizonte. Na infância, morou em Dionísio (MG). Em 1994, publicou o livro de poemas *O coração como en-*

grenagem (edição da autora). O segundo livro, *Corpos em marcha*, foi lançado em 2015 pela Editora Scriptum. Teve poemas incluídos no *Suplemento Literário de Minas Gerais* e na *Revista Poesia Sempre*, da Fundação Biblioteca Nacional. Participou dos Projetos Leve 1Livro e Arte no Ônibus.

Luca Argel (1988) nasceu no Rio de Janeiro e vive no Porto, em Portugal. É formado em música pela Unirio e é mestre em literatura pela Universidade do Porto. Tem três livros de poesia publicados no Brasil: *esqueci de fixar o grafite* (7Letras, 2012, lançado na Espanha em 2015), *Topadas no escuro* (7Letras, 2014) e *Uma pequena festa por uma eternidade* (7Letras, 2016); e dois discos gravados em Portugal: *Livro de reclamações* (2013) e *Tipos que tendem para o silêncio* (2016).

Leo Gonçalves (1975) nasceu em Belo Horizonte. É poeta, autor dos livros *Use o assento para flutuar* (Crisálida/Adelante, 2016) e *Das infimidades* (In Vento, 2004). Tradutor, vem se especializando em poesia africana e antilhana de expressão francesa. Participou de festivais literários no Brasil, no México e na França.

Ana Salek (1987) nasceu no Rio de Janeiro. É poeta e mestre em literatura, cultura e contemporaneidade pela PUC-Rio. Publicou seu primeiro livro, *Dezembro*, pela editora Circuito em 2010.

Camila Nicácio (1977), natural de Belo Horizonte, é professora da Faculdade de Direito da UFMG. Sua pesquisa inclui temas como direitos humanos e mediação de conflitos. É autora do livro *Curtas-metragens/ Courts-Métrages: Poèmes visuels* (Éditions Thot, 2011, edição bilíngue). Tem doutorado em antropologia do direito na Sorbonne, onde atua como professora convidada.

Luana Carvalho (1981) é carioca de coração lisboeta. Compositora e cantora, lançou em janeiro de 2017 seu primeiro disco, duplo, de nomes *Branco | Sul*, produzido por Moreno Veloso. É idealizadora e diretora-geral da Casa Cais (espaço de fluxo cultural entre países de língua portuguesa) na Flip, no Folio e em demais portos. É editora do site <cais.ato.br>.

Ramon Nunes Mello (1984), natural de Araruama (RJ), é poeta, escritor e jornalista. É autor dos livros de poemas *Vinis mofados* (Língua Geral, 2009), *Poemas tirados de notícias de jornal* (Móbile, 2011) e *Há um mar no fundo de cada sonho* (Verso Brasil, 2016). Entre outros títulos, organizou *Escolhas* (Língua Geral/ Carpe Diem, 2009), autobiografia intelectual da professora Heloisa Buarque de Hollanda. É curador da obra dos poetas Rodrigo de Souza Leão e Adalgisa Nery.

Diego Callazans (1982) nasceu em Ilhéus (BA) e mora em Aracaju desde os cinco anos. É autor dos livros *Nódoa* (7Letras, 2015) e *A poesia agora é o que* *me resta* (Patuá, 2013), e do minilivro *Blasfêmias* (7Letras, 2015). É um dos autores incluídos na autologia *Naquela língua: Cem poemas e alguns mais: Antologia da novíssima poesia brasileira*, publicada em Portugal pela Elsinore em 2016.

Thomaz Ramalho (1980) nasceu em Recife, formou-se em São Paulo e criou raízes em Curitiba. Já viveu na Europa, na Ásia e na África. É funcionário das Nações Unidas e trabalha atualmente em Luanda. É arquiteto, urbanista e professor.

Fabrício Corsaletti (1978) nasceu em Santo Anastácio, no Oeste Paulista, e desde 1997 vive em São Paulo. Publicou mais de dez livros, entre eles: *Estudos para o seu corpo* (poesia, Companhia das Letras, 2007), *King Kong e cervejas* (contos, Companhia das Letras, 2008), *Golpe de ar* (novela, Editora 34, 2009), *Esquimó* (poesia, Companhia das Letras, 2010, prêmio Bravo!) e *Ela me dá capim e eu zurro* (crônicas, Editora 34, 2014). É colunista da revista *sãopaulo*, do jornal *Folha de S.Paulo*.

Paulo César de Carvalho (1970) é poeta, letrista, compositor e professor de língua portuguesa. Em 2010, lançou o livro de poesia *Toque de letra*; em 2012, *Letra na clave é sol* (ambos pela Editora Nhambiquara); em 2013, *Letra livre* (Oitava Rima); em 2014, lançou *Letra é som no ouvido do papel* (Oitava Rima) e *Amor: uma palavra & muitas letras* (edição do autor); em 2016, *O som da cor da letra* (Patuá).

Estrela Ruiz Leminski (1981) nasceu em Curitiba, é escritora e cantautora. Publicou os livros de poesia *Cupido, cuspido, escarrado* (Ameopoema, 2005) e *Poesia é não* (Iluminuras, 2010), que foi adotado pelo PNBE (2012). Na área musical, lançou *Contra-indústria*, sobre música independente brasileira; gravou o CD *Música de Ruiz* (2006) e *São sons* (2011), todos em coautoria com Téo Ruiz. Em 2014, gravou o CD duplo de composições de Paulo Leminski, *Leminskanções*, e organizou seu livro de cifras e partituras.

Mariano Marovatto (1982) nasceu no Rio de Janeiro e vive em Lisboa. Escreveu os livros de poemas *Casa* (7Letras, 2015) e *Vinte e cinco poemas* com Chico Alvim (Luna Parque, 2015), entre outros, e gravou alguns discos, como *Praia* (Maravilha 8, 2013) e *Selvagem* (Embolacha, 2016). É doutor em literatura brasileira pela PUC-Rio, pesquisador e arquivista entre outras coisas, e toda sua produção está disponível em <www.marovatto.org>.

Marília Garcia (1979) nasceu no Rio de Janeiro. É tradutora e autora dos livros *20 poemas para o seu walkman* (Cosac Naify, 2007), *Engano geográfico* (7Letras, 2012), *Um teste de resistores* (7Letras, 2014) e *Paris não tem centro* (7Letras, 2015), os três primeiros publicados também na Argentina, Espanha e Portugal, respectivamente.

Fabiano Calixto (1973) nasceu em Garanhuns (PE). É poeta. Cursa doutorado em teoria literária e literatura comparada na USP. Publicou *Algum* (edição do autor, 1998), *Fábrica* (Alpharrabio Edições, 2000), *Música possível* (Cosac Naify/ 7Letras, 2006), *Sanguínea* (Editora 34, 2007), *Nominata morfina* (Córrego/ Corsário-Satã/ Pitomba, 2014), entre outros. Prepara novo livro de poemas, *Fliperama*.

Flávio Morgado (1989) é poeta e nasceu no Rio de Janeiro. Autor de *um caderno de capa verde* (7Letras, 2013) e *Uma nesga de sol a mais* (7Letras, 2016).

Carina Castro (1988) é poeta, pesquisadora e ativista cultural. É autora do livro de poesia *Caravana* (Patuá, 2013). Se dedica também aos textos para crianças e jovens. Recebeu o Prémio Lusofonia de Portugal (2012) na modalidade conto infantojuvenil. É estudante de letras e literatura árabe na USP. Integra a dupla de publicações independentes *Selenitas* e atua no coletivo de infância, arte-educação e feminismo *Espaço Marciana*. Escreve no blog <tudoecoisa.wordpress.com>.

Donny Correia (1980), poeta e cineasta, é mestre e doutorando em estética e história da arte pela USP e bacharel em letras pelo Centro Universitário Ibero-Americano (Unibero). Publicou os livros de poesia *O eco do espelho* (Scortecci, 2005), *Balletmanco* (Annablume, 2009), *Corpocárcere* (Patuá, 2012) e *Zero nas veias* (Patuá, 2015). Em 2013, teve um haicai selecionado pela Nasa para ser enviado a Marte na sonda

Maven, junto a outros 1200 textos de diferentes nacionalidades. Atualmente é colunista do Portal Heráclito (www.portalheraclito.com.br).

Josoaldo Lima Rêgo (1979) nasceu no Maranhão. É autor dos livros de poemas *Paisagens possíveis* (2010), *Variações do mar* (2012), *Máquina de filmar* (2014), *Motim* (coleção Megamíni, 2015) e *Carcaça* (2016), todos pela editora 7Letras.

Sylvio Fraga (1986) nasceu no Rio de Janeiro, é poeta e compositor. Passou parte de sua infância em Nova Jersey, nos Estados Unidos. Formou-se em economia pela PUC-Rio, dirigiu o Museu Antônio Parreiras e cursou mestrado em poesia na New York University. É autor de dois discos, *Rosto* e *Cigarra no trovão*, um livro de tradução de poesia, *O andar ao lado: Três novos poetas norte-americanos* (7Letras, 2013), e dois livros de poesia, *Entre árvores* (Bem-te-vi, 2011) e *Cardume* (7Letras, 2015).

Lívia Natália (1979) é baiana, poeta e professora da Universidade Federal da Bahia, onde ensina teoria da literatura no curso de letras. É doutora em literatura e cultura e dedica-se ao estudo de literatura negra contemporânea. É autora dos livros de poesia *Água negra* (EPP Publicações, 2011, Prêmio Banco Capital de Poesia), *Correntezas e outros estudos marinhos* (Ogum's Toques Negros Editora, 2015) e *Água negra e outras águas* (Caramurê, 2016).

Thiago E (1986) é poeta, músico e professor teresinense. É autor de *Cabeça de sol em cima do trem* (Corsário, 2013), composto por livro e disco. Integrou a banda Validuaté, com a qual lançou os álbuns *Pelos pátios partidos em festa* (2007), *Alegria girar* (2009), *Este lado para cima* (2013) e o box DVD/CD *Validuaté ao vivo* (2015). É editor da revista *Acrobata*. Participou de vários trabalhos coletivos, como o LP de poesia *Garganta* (2016), acompanhado por uma antologia, organizados por Sergio Cohn.

Leandro Durazzo (1986), antropólogo e tradutor, vive próximo à praia no litoral potiguar, tendo lecionado antropologia na UFRN. Publicou os livros *Tripitaka* (poesia, Medita, 2014) e *Histórias do Córrego Grande* (prosa, Katarina Kartonera, 2015), além de textos poéticos ou narrativos em revistas literárias e espaços virtuais. Trabalha com povos indígenas e religiões orientais.

Bianca Lafroy (1985) nasceu em Curitiba. Poeta e ficcionista, publicou *Embrulho líquido* (Iluminuras) em 2012 e participou da antologia *Fantasma civil* (Medusa), em 2013, organizada por Ricardo Corona para a Bienal Internacional de Curitiba. Trabalhou nas ruas como travesti. Desde 2015, tem apresentado seu transpoema "Embrulho líquido" em espetáculos realizados em cruzeiros turísticos pela América Latina.

Bruno Molinero (1990) nasceu em São Paulo. Jornalista, escreve sobre literatura infantojuvenil para a

Folha de S.Paulo. Seu livro de estreia, *Alarido* (Patuá, 2015), foi vencedor do prêmio Guavira de Literatura em 2016 na categoria poesia.

Omar Salomão (1983) nasceu no Rio. É poeta e artista plástico. Escreveu os livros *Impreciso* (2011) e *À deriva* (2005), ambos publicados pela Dantes Editora. Entre suas exposições individuais, estão *Nebula: a sombra das nuvens manchando a cidade* (Oi Futuro Ipanema, RJ, 2015) e *Influxo* (Superfície, SP, 2015). Foi curador, com Heloisa Buarque e Bruna Beber, da exposição *BLOOKS* (Oi Futuro, RJ, 2007), e com Anna Dantes, da *Biblioteca de Grifos de Waly Salomão* (Biblioteca Parque Estadual, RJ, 2014). Mantém o site <www.obomleao.com>.

Catarina Lins (1990) nasceu em Florianópolis e vive no Rio. Formou-se em letras pela PUC-Rio e atualmente cursa mestrado na mesma instituição. É autora de *Músculo* (7Letras, 2015), *Parvo Orifício* (Garupa, 2016) e *O Teatro do Mundo*, ainda inédito.

Domingos Guimaraens (1979) nasceu no Rio de Janeiro. Poeta e artista visual, doutor em literatura cultura e contemporaneidade, é professor da PUC-Rio e da EAV do Parque Lage. Desde 2008 trabalha com o coletivo Opavivará! <www.opavivara.com.br>. Em 2006 lançou o livro de poemas *A gema do sol* (7Letras) e, em 2008, junto com o grupo Os Sete Novos, publicou *Amoramérica* (7Letras). Em 2014, lançou a cartonera *Um épico*, pela *CArtonerA cArAAtApA*. É colunista da revista eletrônica *Ornitorrinco* <www.ornitorrinco.net.br>.

Christovam de Chevalier (1976) é carioca, poeta e jornalista. Assina atualmente a coluna "Parada obrigatória", publicada desde 2013 no caderno Zona Sul do jornal *O Globo*. Começou sua carreira como repórter no *Jornal do Brasil* e, de lá para cá, colaborou com as revistas *GQ* e *Joyce Pascowitch*, entre outras. É autor das coletâneas de poesia *Um livro sem título* (7Letras, 1998) e *No escuro da noite em claro* (7Letras, 2016).

Victor Heringer (1988) nasceu no Rio de Janeiro. Prosador, poeta e ensaísta, publicou os romances *Glória* (7Letras, 2013, prêmio Jabuti) e *O amor dos homens avulsos* (Companhia das Letras, 2016), além do volume de poemas *automatógrafo* (7Letras, 2011).

Laura Liuzzi (1985) nasceu no Rio de Janeiro. Seu primeiro livro de poesia, *Calcanhar* (7Letras), saiu em 2010. Em 2014, publicou *Desalinho* (Cosac Naify). Lançou *Coisas*, um minilivro, pela editora 7Letras, na Flip 2016.

Referências dos poemas já publicados

ANDRÉ VALLIAS [EPÍGRAFE]

"*como ficou chato*", poema escrito para o projeto Poetry for Robots, cujos textos têm vinte palavras e 150 caracteres.

ANA MARTINS MARQUES

"Poemas reunidos", in *O livro das semelhanças* (Companhia das Letras, 2015).

"*entre a casa*", in *Da arte das armadilhas* (Companhia das Letras, 2011).

ALICE SANT'ANNA

"rabo de baleia", in *Rabo de baleia* (Cosac Naify, 2013).

JULIA DE SOUZA

"*Deitada na cama*", in *Covil* (7Letras, 2013).

GREGORIO DUVIVIER

"gênese II", "*o mês de fevereiro no rio*" e "*se o leite desnatado por acaso caísse*", in *Ligue os pontos: Poemas de amor e big bang* (Companhia das Letras, 2013).

BRUNA BEBER

"ap.", in *a fila sem fim dos demônios descontentes* (7Letras, 2006).

"de castigo na merenda" e "1. o apagador", in *Rua da padaria* (Record, 2013).

ANGÉLICA FREITAS

"metonímia", in *Um útero é do tamanho de um punho* (Cosac Naify, 2012).

"treze de outubro", in *Rilke shake* (7Letras/ Cosac Naify, 2007).

MARIA CECILIA BRANDI
"Jabs", in *Atacama* (7Letras, 2012).

LUCAS VIRIATO
"haicai de verão" e "a ascensorista", in *Curtos e curtíssimos* (OrganoGrama, 2012).

ISMAR TIRELLI NETO
"Ansiedades quanto a uma academia", in *synchronoscopio* (7Letras, 2008).

SIMONE DE ANDRADE NEVES
"Latente", in *Corpos em marcha* (Scriptum, 2015).

LUCA ARGEL
"Justiça — Maria Augusta Ramos (2004)", in *Topadas no escuro* (Megamíni, 2015).
"Para você aprender a palavra nacre", in *esqueci de fixar o grafite* (7Letras, 2012).

LEO GONÇALVES
"Língua de Aruanda", "*nada mais*" e "Especulação imobiliária", in *Use o assento para flutuar* (Crisálida/ Adelante, 2016).

ANA SALEK
"carrossel", in *Dezembro* (Circuito, 2010).

CAMILA NICÁCIO
"*Como continuar a ser a mesma pessoa*" e "*Sua boca cheirava a cebola*", in *Curtas-metragens/ Courts-métrages* (Éditions Thot, 2011).

RAMON NUNES MELLO
"Trânsito", in *Vinis mofados* (Língua Geral, 2009).

FABRÍCIO CORSALETTI

"Completamente enganada" e "Vizinha", in *Esquimó* (Companhia das Letras, 2010).
"Movediço", in *Estudos para o seu corpo* (Companhia das Letras, 2007).

ESTRELA RUIZ LEMINSKI

"*tem alguém aqui*", in *Poesia é não* (Iluminuras, 2010).

MARÍLIA GARCIA

"ztaratztaratsztaratztaratztaratztaratztaratz", in *Um teste de resistores* (7Letras, 2014).

FABIANO CALIXTO

"Em torno de", in *Música possível* (Cosac Naify/ 7Letras, 2006).

FLÁVIO MORGADO

"pausar", in *um caderno de capa verde* (7Letras, 2013).

CARINA CASTRO

"Divina farsa", in *Caravana* (Patuá, 2013).

DONNY CORREIA

"Kançer (solilóquio)", in *Corpocárcere* (Patuá, 2012).
"Luciana", in *Zero nas veias* (Patuá, 2015).

JOSOALDO LIMA RÊGO

"O letreiro" e "Jurupari", in *Variações do mar* (7Letras, 2012).

SYLVIO FRAGA

"*Talvez o último poema*" e "*Talvez o último poema antes de meu sobrinho nascer*", extraídos de "Exercícios de verão", in *Cardume* (7Letras, 2015).

LÍVIA NATÁLIA

"Freudiana", in *Correntezas e outros estudos marinhos* (Ogum's Toques Negros, 2015).

THIAGO E

"o escuro e o silêncio" e "o mar e o pano", in *Cabeça de sol em cima do trem* (Corsário, 2013).

BIANCA LAFROY

"*Entende o que estou dizendo?*" e "*Das metamorfoses e*", in *Embrulho líquido* (Iluminuras, 2012).

BRUNO MOLINERO

"marcela, 43, casada" e "carolina, 15, queimou", in *Alarido* (Patuá, 2015).

OMAR SALOMÃO

"*Britadeira no ombro*", in *À deriva* (Dantes Editora, 2005).

"*você vai ver*", in *Impreciso* (Dantes Editora, 2011).

DOMINGOS GUIMARAENS

"Hemorragia" e "Sinestelíngua", in *A gema do sol* (7Letras, 2006).

CHRISTOVAM DE CHEVALIER

"Visconde de Pirajá, 188", *No escuro da noite em claro* (7Letras, 2016).

VICTOR HERINGER

"Casa das horas", in *automatógrafo* (7Letras, 2011).

LAURA LIUZZI

"Vontade", "Ponteiro" e "Fio sem fim", in *Desalinho* (Cosac Naify, 2014).

Índice de títulos e primeiros versos

ESTA OBRA FOI COMPOSTA POR ACOMTE
EM MERIDIEN E IMPRESSA PELA LIS GRÁFICA
EM OFSETE SOBRE PAPEL PÓLEN BOLD DA SUZANO PAPEL E CELULOSE
PARA A EDITORA SCHWARCZ EM FEVEREIRO DE 2017